ANALIZA KSIĄŻKI

Uciekaj szybko i wroc pozno

Fred Vargas

ANALIZA KSIĄŻKI

Napisany przez Delphine Le Bras
Przetłumaczony przez Kâmil Kowalski

Uciekaj szybko
i wroc pozno

FRED VARGAS

FRED VARGAS

FRANCUSKI POWIEŚCIOPISARZ I ESEISTA

- **Urodził się w 1957 roku w Paryżu.**

- **Godne uwagi prace:**
  - *This Night's Foul Work* (2006), powieść detektywistyczna
  - *An Uncertain Place* (2008), powieść detektywistyczna
  - *Ghost Riders of Ordebec* (2011), powieść detektywistyczna

Fred Vargas (prawdziwe nazwisko Frédérique Audoin-Rouzeau) urodził się w Paryżu w 1957 roku. Jest pisarką, historykiem i archeologiem, który pracował jako archeolog średniowieczny w belgijskim Narodowym Funduszu Badań Naukowych. Jej pseudonim pochodzi od zdrobnienia (Fred) jej imienia oraz postaci Marii Vargas, granej przez Avę Gardner w filmie *The Barefoot Contessa* (reż. Joseph L. Mankiewicz w 1954). Ten sam pseudonim wybrała siostra bliźniaczka autorki, malarka Jo Vargas.

Freda Vargas opublikowała obecnie około 15 powieści detektywistycznych, a także kilka esejów filozoficznych. Jej powieści odniosły ogromny sukces i prawie wszystkie zdobyły nagrody we Francji lub za granicą. Freda Vargas jest obecnie jedną z najbardziej znanych francuskich pisarek kryminalnych.

UCIEKAJ SZYBKO I WROC POZNO

POWIEŚĆ DETEKTYWISTYCZNA Z NUTĄ NOIR FICTION

- **Gatunek**: powieść detektywistyczna

- **Wydanie referencyjne**: Vargas, F. (2004) *Have Mercy on Us All*. Trans. Bellos, D. London: Vintage.

- [1.] **wydanie**: 2001

- **Tematy**: zaraza, morderstwo, zemsta, śledztwo, panika

Uciekaj szybko i wroc pozno została wydana w 2002 roku i jest dziewiątą powieścią Vargasa. Tytuł książki w języku francuskim, *Pars vite et reviens tard* ("wyjechać szybko i wrócić późno"), odnosi się do rady udzielanej przez przewodników medycznych w średniowieczu, że ucieczka jest najlepszą reakcją na epidemię dżumy. Fabuła łączy śledztwo we współczesnym Paryżu z opisem różnych epidemii dżumy, które seryjny morderca wykorzystuje do straszenia miasta. Możemy przypuszczać, że autorka przy pisaniu tej powieści czerpała ze swojej wiedzy mediewistki. *Uciekaj szybko i wroc pozno* zdobyła w 2002 roku Prix des libraires i Grand prix des lectrices de Elle.

PODSUMOWANIE

ZAPOWIEDŹ PLAGI

Joss Le Guern to były bretoński marynarz. Po tym jak zostaje rozbitkiem, atakuje właściciela statku i prawie go zabija, przez co trafia na dwa lata do więzienia. Po wyjściu z niego przenosi się do Paryża. Tam podczas upojnej nocy ukazuje mu się pradziadek i proponuje, by podjął się rodzinnej pracy jako miejski zawiadowca. Miejscy kurierzy przekazywali dawniej wiadomości i ogłoszenia mieszkańców odległych wiosek.

Joss postanawia więc to zrobić i zakłada w Paryżu skrzynkę, w której mieszkańcy mogą umieszczać ogłoszenia i notatki o tym, jak się czują. Trzy razy dziennie wykrzykuje wiadomości na placu gdzieś w Paryżu. Jednak od trzech tygodni otrzymuje dziwne wiadomości napisane w języku starofrancuskim i łacińskim, które zapowiadają powrót straszliwej zarazy. Postanawia udać się do starego przyjaciela, Decambrais, byłego więźnia o pseudonimie "uczony", który identyfikuje wiadomości jako fragmenty manuskryptów opisujących różne epidemie dżumy. Obaj postanawiają ostrzec policję i udają się na spotkanie z Adamsbergiem.

W tym czasie komisarz Jean-Baptiste Adamsberg został przeniesiony do paryskiego wydziału zabójstw. Młoda matka przyszła złożyć skargę na dziwne napisy na drzwiach jej budynku: odwrócona do góry nogami "4" napisana czarnym atramentem. Po konsultacji ze średniowiecznym mediewistą komisarz odkrywa, że liczba ta jest w rzeczywistości krzyżem napisanym jednym pociągnięciem i ma odpędzać zarazę od domów, na których jest napisana. Te dziwne symbole zaczynają pojawiać się w mieszkaniach w całym Paryżu. Adamsberg dostrzega związek między tajemniczymi wiadomościami Jossa a symbolami, które rozprzestrzeniają się po mieście. Jego ciekawość prowadzi go do słuchania komunikatów Jossa, aby lepiej zrozumieć, co te dziwne wiadomości mogą oznaczać.

Joss opuszcza swoje obskurne jednopokojowe mieszkanie i zamieszkuje u Decambraisa, gdzie poznaje innych lokatorów: Damascusa, który ma skate shop; Lizbeth, byłą prostytutkę z Ameryki i coś w rodzaju divy; Evę, która właśnie uciekła od swojego brutalnego męża; oraz Marie-Belle, niefrasobliwą siostrę Damascusa.

PIERWSZY Z NICH PROWADZI

Narrator zabiera czytelnika na spotkanie z kobietą o imieniu Narnie, którą odwiedza zięć Arnaud. To on najwyraźniej jest tym, który tropi znaki na drzwiach. Staruszka hoduje szczury, które jej zdaniem przenoszą zarazę, i wysyła Arnaudowi listy wypełnione pchłami do przyszłych ofiar. Jest przekonana, że jej rodzina ma magiczne moce, ponieważ jej rodzice przeżyli epidemię dżumy.

Wiadomości Jossa na ten dzień zapowiadają pierwsze ofiary zarazy. W paryskim bloku odkryte zostaje ciało, a przy nim koperta pełna pcheł. Papier jest identyczny jak ten, na którym pisane są depesze, które otrzymuje miejski zawiadowca. Adamsberg i jego asystent Danglard rozpoczynają śledztwo. Dowiadują się, że ofiara nie zmarła na dżumę, lecz została pogryziona przez pchły, a następnie uduszona. Niedługo potem zostają znalezione dwie inne ofiary. Mieszkańcy Paryża zaczynają wpadać w panikę: na swoich drzwiach tropią cyfrę cztery, by uchronić się przed zarazą. Adamsberg jest przekonany, że morderca znajduje się wśród tłumu, który co rano przychodzi wysłuchać wiadomości Jossa.

Prasa dowiaduje się o tej plotce i przypomina mieszkańcom Paryża o epidemii dżumy, która nawiedziła miasto w 1920 roku. Adamsberg prosi o pomoc psychiatrę w celu sporządzenia profilu psychologicznego mordercy. Uważa, że sprawca jest osobiście związany z dżumą. Komisarz robi badania na temat epidemii z 1920 roku. Intryguje go również drugi brat Marie-Belle, którym ona się opiekuje, ponieważ wydaje się być psychicznie słaby.

W Marsylii zostaje odkryta nowa ofiara i Adamsberg udaje się na śledztwo. Kontynuując śledztwo odkrywa, że bogaci noszą teraz diamenty na lewym palcu serdecznym, aby uchronić się przed epidemią. Komisarz przypomina sobie, że widział błysk z czyjejś ręki podczas płaczu Jossa. Po powrocie do Paryża bierze Damascusa na przesłuchanie i widzi, że mężczyzna rzeczywiście nosi diament na lewej dłoni. Staje się on zatem głównym podejrzanym. Co więcej, ma na sobie pchły i ma bezpośredni dostęp do skrzynki Jossa. Adamsberg odkrywa również, że nie ma on czystej kartoteki kryminalnej: został niesłusznie oskarżony o wyrzucenie swojej dziewczyny przez okno.

Następnie na posterunek policji przychodzi nieznajomy, twierdząc, że jego życie jest zagrożone: pod drzwiami znalazł kopertę wypełnioną pchłami. Adamsberg domyśla się, że ma on tajemniczą przeszłość. Pod presją młody człowiek przyznaje się w końcu, że należał do bandy siedmiu gangsterów, którzy torturowali mężczyznę i zgwałcili jego dziewczynę.

WNIOSEK

Adamsberg nawiązuje do przeszłości Damaszku, który udoskonalił urządzenie do produkcji stopów stali o strukturze plastra miodu, dzięki czemu były one znacznie mniej podatne na uszkodzenia. Następnie szef dużej firmy porwał go, aby ukraść jego patent. Po tym jak została zgwałcona, jego dziewczyna popełniła samobójstwo, a Damascus został oskarżony o morderstwo. Z pomocą babci przygotował w więzieniu swoją zemstę, wykorzystując rodzinny mit o zarazie. Jego celem było wyeliminowanie gangsterów, którzy napadli na niego i jego dziewczynę. Narnie zostaje aresztowana i przyznaje się do wszystkiego, gdyż jest przekonana, że ofiary naprawdę zmarły na dżumę. Jej rodzina przeżyła epidemię dżumy w Clichy w 1920 roku. Do zabicia pozostało jeszcze trzech oprawców Damascusa.

Komisarz jest przekonany, że wyeliminowanie pozostałych celów powierzono trzeciej osobie. Damascus i jego babcia wciąż nie wiedzą, że pchły faktycznie nie przenosiły zarazy. Po pościgu za osobnikiem wychodzącym z domu Marie-Belle, Adamsberg odkrywa, że ojciec Damascusa prowadził podwójne życie: uznał swojego pierwszego syna, ale nie dwójkę dzieci z innego małżeństwa: Marie-Belle i jej brata Antoine'a. To właśnie ta dwójka nieślubnych dzieci podążyła za Damascusem, by udusić ofiary – to oni są sprawcami. Chciały, aby Damascus trafił do więzienia za morderstwo i ukradł swój pokaźny spadek.

Prawdziwa sprawczyni, Marie-Belle, nie jest ścigana, ponieważ uciekła, pozostawiając swoje zeznania Adamsbergowi. Ponieważ nie są winni morderstw, Damascus i jego babka zostają wypuszczeni na wolność. Komisarz postanawia nie mówić staruszce, że oprawcy jej wnuka nie zostali w rzeczywistości zabici przez dżumę.

STUDIUM POSTACI

JOSS LE GUERN

Były marynarz, który jest bardzo dumny ze swojego bretoń-skiego pochodzenia, Joss Le Guern trafia do więzienia po brutalnej napaści na właściciela swojego statku. Agresywny alkoholik, bez prawdziwych więzi rodzinnych, zmywa się w Paryżu i wykonuje kilka dorywczych prac, zanim podejmuje rodzinną profesję miejskiego woźnego. Jego pradziadek, Nicolas Le Guern, urodzony w 1832 roku, pojawia się od czasu do czasu, by udzielić mu rady.

Joss miał trudne dzieciństwo: w młodym wieku został wysłany do szkoły z internatem, gdzie był bity. Z tego powodu nie ufa obcym. Przyzwyczajony do samotności, wyraża się w bezpośredni, dosadny sposób, posługując się głównie mary-narskim słownictwem: "Kuliste pęcherzyki tego rodzaju wodorostów nazywano pływakami, a Joss uznał, że słowo to pasuje do oka Adamsberga do T. Pływaki komisarza były schowane pod ochronnym nawisem nieuporządkowanych, krzaczastych brwi" (s. 88). Joss pozostaje niewzruszony: nie obawia się dziwnych ostrzeżeń, które czyta i ani przez chwilę nie wierzy, że dżuma wróciła do Paryża.

DAMASCUS VIGUIER
(ARNAUD HELLER-DEVILLE)

Damascus jest postacią drugoplanową na początku książki i staje się ważny dopiero w drugiej połowie opowieści. Jest właścicielem skate shopu o nazwie Rolaride i pozwala Jossowi pracować na zapleczu. Damascus nie dba zbytnio o swój wygląd: jego długie włosy są często brudne i tak naprawdę nigdy nie nosi zbyt wielu ubrań, nawet w zimie.

O jego bolesnej przeszłości czytelnik dowiaduje się dopiero później: jego ojciec był brutalny, ale on sam był genialnym studentem i udoskonalił procedurę chemiczną, dzięki której metale stawały się bardziej trwałe. Po tym, jak został schwytany i torturowany przez szefa firmy, który chciał ukraść jego patent, życie Damascusa wywróciło się do góry nogami: został oskarżony o zamordowanie swojej dziewczyny, która w rzeczywistości popełniła samobójstwo. Ponieważ został wychowany w oparciu o rodzinną legendę o tym, że potrafi siać zarazę i przeżyć, opracowuje z babcią plan zemsty. Jest postacią kruchą, złamaną psychicznie. Choć ufa Marie-Belle, swojej przyrodniej siostrze, na którą natknął się przypadkiem, ta ostatecznie rozczarowuje go równie mocno, jak odkrycie, że rodzinna moc jest kłamstwem.

KOMISARZ JEAN-BAPTISTE ADAMSBERG

Adamsberg, urodzony w Pirenejach i przeniesiony do paryskiego wydziału zabójstw, jest małym brązowowłosym mężczyzną o nieokrzesanym wyglądzie. Jest marzycielem, który nie ma żadnej metody prowadzenia swoich dochodzeń: ufa swojemu instynktowi, który zazwyczaj prowadzi go do rozwiązania sprawy, i niechętnie korzysta z nowych technologii. Jest jednak bardzo wrażliwy na ludzkie dramaty: z łatwością wykrywa psychologię podejrzanych lub swoich kolegów.

Samotny charakter, komisarz codziennie chodzi na długie spacery, aby zastanowić się nad sprawą, nad którą aktualnie pracuje. Od kilku lat spotyka się z Camille, ale nie potrafi wyrazić jej swoich uczuć. Ona znajduje go w łóżku z inną kobietą, czego później żałuje, nie potrafiąc za to przeprosić.

ADRIEN DANGLARD

W przeciwieństwie do swojego przełożonego, asystenta komisarza Danglarda jest definicją logicznego charakteru. Ceni dowody naukowe i stosuje rygorystyczne metody śledcze.

Danglard nie ma wiele do oglądania fizycznie, ale mimo to jest postacią wzruszającą. Niewielu jego kolegów wie, że żona zostawiła go i ich pięcioro dzieci. Nigdy nie doszedł do siebie i samotnie topi smutki nocami przy piwie. Przygarnia Kamilę po tym, jak Adamsberg ją zdradza.

DECAMBRAIS (HERVÉ DUCOUEDIC)

Nieufny, dyskretny Decambrais to były nauczyciel historii z Bretanii, który został niesłusznie oskarżony o napaść na ucznia. Jest człowiekiem bardzo oczytanym (nosi przydomek "uczony"), który w wolnych chwilach robi koronki, co skutkuje niekończącymi się kpinami ze strony sąsiadów. Ponadto Decambrais jest pierwszą osobą, która rozpracowuje wiadomości zabójcy. Wynajmuje pokoje w swoim domu ludziom w potrzebie.

LIZBETH

Lizbeth jest jedną z lokatorek Decambraisa. Jest byłą amerykańską prostytutką i gotuje dla całego gospodarstwa domowego. Ma ciepły charakter z błyskotliwym uśmiechem i pracuje jako wokalistka jazzowa co wieczór w kabarecie. Nie ufa mężczyznom i nie ma złudzeń co do miłości.

ANALIZA

FRED VARGAS I NOIR FICTION

Noir fiction jest często kojarzona z gatunkiem detektywistycznym, którego jest podgatunkiem. Stała się popularna w Stanach Zjednoczonych w okresie między pierwszą a drugą wojną światową. Noir fiction obala elementy klasycznej powieści detektywistycznej, a mianowicie:

- wskazanie nieomylnego strażnika prawa, czyli detektywa;

- rozwiązanie śledztwa poprzez aresztowanie podejrzanego, który jest wyraźnie winny;

- postaci o niewielkiej głębi psychologicznej;

- bardzo stereotypowa fabuła.

Głównym celem noir fiction jest opisanie konkretnej rzeczywistości społecznej w celu ustalenia źródła zbrodni. Śledztwa toczą się zazwyczaj na obrzeżach wielkich miast lub w sercu biednych dzielnic. Prowadzi je komisarz lub detektyw, który często stosuje nielegalne metody, takie jak przemoc lub łapówki, aby dotrzeć do sedna tajemnicy. Sprawca nie zawsze zostaje ukarany, ponieważ sieci gangów często wymykają się sprawiedliwości.

Noir fiction to nowoczesny typ literatury, a *Uciekaj szybko i wroc pozno* wyraźnie wpisuje się w ten gatunek. Powieść opisuje przemoc biednych dzielnic Paryża i niestabilność ich mieszkańców. W końcu sprawa nie zostaje tak naprawdę zamknięta, ponieważ prawdziwej sprawczyni, Marie-Belle, udaje się uciec przed prawem.

OPIS WSPÓŁCZESNEGO ŚWIATA

Książka Vargasa opisuje codzienne życie kilku bohaterów w mieście, które dalekie jest od klisz zwykle spotykanych w pracach o Paryżu.

Wszyscy bohaterowie mają sekretne życie lub bolesną przeszłość:

- Adamsberg nie potrafi wyrazić swoich uczuć ani nawiązać satysfakcjonującego związku romantycznego;

- Żona Danglarda zostawiła go, by samotnie wychowywał piątkę ich dzieci;

- Joss Le Guern został wysłany do szkoły z internatem i w dzieciństwie był poddawany przemocy;

- Damascus przeszedł przez piekło: był torturowany, jego dziewczyna zabiła się, a on sam trafił do więzienia;

- Decambrais został oskarżony o przestępstwo, którego nie popełnił;

- Lizbeth prostytuowała się i żyła na ulicy.

Żadna z postaci w tej książce nie wydaje się prowadzić prostego, szczęśliwego życia. Wręcz przeciwnie, wszyscy są psychologicznie skomplikowani. Społeczeństwo źle ich potraktowało i wielu z nich stworzyło sobie drugą tożsamość, aby się chronić. Dwoistość jest stałym tematem w twórczości Vargas: poruszyła ją już w *Trzech Ewangelistach*.

Bohaterowie ci mieszkają też zwykle w biednych, pełnych przemocy dzielnicach. Ich codzienne życie jest mroczne i niepokojące:

- Joss musi przetrwać dzięki dorywczej pracy;

- Narnie mieszka w obskurnym domu w Clichy;

- większość bohaterów szuka schronienia w bistrach;

- korytarze w ich budynkach mieszkalnych to niebezpieczne miejsca;

- lampy uliczne wzdłuż kanału nie działają;

- Damaszek zostaje brutalnie pobity.

Społeczeństwo również wydaje się zawierać szereg sprzeczności i niesprawiedliwości: "Damascus odsiedział pięć lat w więzieniu za przestępstwo, które nigdy nie miało miejsca. Dziś został zwolniony za zbrodnie, o których popełnieniu tylko myślał. Marie-Belle jest na wolności za masakrę, którą zleciła. Antoine zostanie skazany za morderstwa, których nie wybierał." (p. 318)

Opis współczesnego świata, jaki widzi Vargas, jest mroczny, ale i wzruszający, ponieważ większość bohaterów próbuje wyjść z bałaganu, w którym się znaleźli. Pisarz nie przedstawia więc całkowicie pesymistycznego obrazu rzeczywistości, jak to często bywa w fikcji noir.

KOLOKWIALNY, POMYSŁOWY JĘZYK

Autor opisuje paryskie życie za pomocą języka potocznego. Ton rozmów jest często bezpośredni i szorstki: "Trzeba mieć naprawdę przegrane, żeby spędzać czas na wylewaniu bzdur w miejscu publicznym. Ten facet powinien się porządnie rozerwać, to by mu trochę oczyściło głowę." (p. 122)

Akcja rozwija się w tempie zapowiedzi Jossa Le Guerna, które nadają tempo powieści i zrywają z ogólnym tonem narracji. Obecność tego intertekstu w języku starofrancuskim wprowadza drugi poziom do fabuły, ponieważ bohaterowie muszą zbadać pochodzenie tych komunikatów. Dokumenty dotyczące epidemii dżumy wprowadzają do powieści element historyczny. *Uciekaj szybko i wroc pozno* jest również wypełniona wskazówkami: Vargas upuszcza wskazówki dotyczące tożsamości mordercy przez całą książkę, co widzimy, gdy wspomniany jest drugi brat Marie-Belle i gdy bohaterowie odwiedzają Narnie. Wreszcie, różne fragmenty tekstów dotyczące zarazy można również postrzegać jako część kodu.

DALSZA REFLEKSJA

KILKA PYTAŃ DO PRZEMYŚLENIA...

* Freda Vargas jest specjalistką od średniowiecza. Czy jej pasja przebija się w *Uciekaj szybko i wroc pozno*? Uzasadnij swoją odpowiedź.

* Porównaj dwóch inspektorów w powieści, Adamsberg i Adrien Danglard. Czy prowadzą oni swoje śledztwa w taki sam sposób jak inni wielcy detektywi, tacy jak Columbo czy Sherlock Holmes?

* Co sprawia, że *Uciekaj szybko i wroc pozno* jest przykładem fikcji noir?

* W jaki sposób *Uciekaj szybko i wroc pozno* różni się od klasycznych powieści detektywistycznych?

* Dualizm to stały motyw w twórczości Vargasa. Wyjaśnij, w jaki sposób, posługując się przykładami z książki.

* Czy powieść jest optymistyczna czy pesymistyczna? Udziel szczegółowej odpowiedzi.

* Czy bohaterowie książki "*Uciekaj szybko i wroc pozno*" są bohaterami? Uzasadnij swój punkt widzenia.

* Jaką funkcję pełnią ogłoszenia Joss Le Guern?

* Czy Waszym zdaniem kinowa adaptacja powieści jest wierna dziełu Vargasa? Czy oddaje klimat, w którym się znajduje? Uzasadnij swoją opinię.

* Twoim zdaniem, dlaczego ta powieść odniosła taki sukces?

DALSZE CZYTANIE

WYDANIE REFERENCYJNE

Vargas, F. (2004) *Have Mercy on Us All*. Trans. Bellos, D. London: Vintage.

ADAPTACJA

Pars vite et reviens tard. (2007) [Film]. Régis Wargnier. Dir. Francja: Gaumont Film Company.

Chcemy usłyszeć od Ciebie, co się dzieje!
Zostaw komentarz na temat swojej internetowej biblioteki
i podziel się swoimi ulubionymi książkami w mediach społecznościowych!

www.50minutes.com

Master ISBN: 9782808694827
Papierowy ISBN: 9782808616225
Depozyt prawny: D/2023/12603/1902

Verhaal: © Primento

Projekt cyfrowy: Primento, cyfrowy partner wydawców.